Werner Ch. Jungwirth

Das Leben ist schön
und andere Gedichte

Werner Ch. Jungwirth

Das Leben ist schön

und andere Gedichte

Rediroma-Verlag

Bibliografische Information der Deutschen Nationalbibliothek:
Die Deutsche Nationalbibliothek verzeichnet diese Publikation in der Deutschen Nationalbibliografie; detaillierte bibliografische Daten sind im Internet über http://portal.dnb.de abrufbar.

Hinweis: Der Inhalt einiger Gedichte in diesem Buch erhebt nicht den Anspruch, auf einer Idee des Autors zu basieren.

ISBN 978-3-98885-240-3

Umschlagillustration: Rainbow-Pic (shutterstock.com)

www.rediroma-verlag.de
11,95 Euro (D)

Inhalt

27 BUNT GEMISCHT

Der tote Esel

Ein Pfarrer, der ruft eines Tages
besorgt beim G'sundheitsamte an.
Er sagt: „Eins meiner Schäfchen sah heut'
'nen Esel auf der Autobahn."

„Und dieser Esel dürfte tot sein,
berichtete mein Informant,
drum dacht' ich mir, sofort zu melden
den Fall bei Ihnen, weil's brisant.
Denn viele Autos fahr'n so schnell dort
und könnten's vielleicht überseh'n.
Ich möchte nicht, dass dann am Ende
dort schwere Unfälle gescheh'n."

Und der Beamte in der Leitung –
ein richt'ger Scherzbold, präpotent –
entgegnete: „Herr Pfarrer, aber
ein Toter ist doch IHR Klient.
Warum denn rufen Sie dann mich an,
ich hab' damit ja nichts zu tun,
ein toter Esel auf der Fahrbahn?
Das ist für mich inopportun!"

Der Pfarrer, schlagfertig ganz schnelle,
er sagt: „Es ist ja meine Pflicht,
d' nächsten Verwandten anzurufen. –
Und damit endet mein Bericht!"

21. Jän. 2024

Bei Gericht

Ein schlimmer Exhibitionist
steht eines Tages vor Gericht,
ob seines Tuns wurd’ angeklagt,
jedoch er besserte sich nicht.

Man wirft ihm dies und jenes vor,
so manche Frau bestätigt dies,
denn er belästigte die Frau’n
immer und wieder ganz, ganz mies.

Nach seines Anwalts Plädoyer
war nun die Richterin am Zug,
dem Recht sogleich Genüg’ zu tun,
ihn zu verurteil’n hoch genug.

Doch ehe sie zu Worte kam,
legt’ dieser die Klamotten ab.
Die Richterin betrachtet ihn.
Sie urteilt nicht und sagt nur knapp:
„Ich stelle das Verfahren ein“,
sie sagt’s in aller Offenheit,
begründet es, da sie’s geseh’n:
„Sichtbare Geringfügigkeit!“

18. Jän. 2024

In der Sprachschule

Ein Mann von 85 geht
in eine Sprachschule sehr spät,
er will Hebräisch lernen noch
trotz seines hohen Alters doch.

Der Lehrer: „Ist's nicht schon zu spät,
Hebräisch lernen nicht leicht geht!?"
Der Alte meint: „Bin ich mal tot,
dann hätt' ich meine liebe Not,
wenn ich vor meinem Schöpfer steh'.
Dann tät' es mir von Herzen weh,
wenn ich mit ihm nicht sprechen kann
in SEINER Sprach' von Mann zu Mann.
Drum lerne ich Hebräisch nun
und werd' mein Bestes dafür tun!"
„Und wenn Sie in der Hölle landen,
dann werden Sie dort nicht verstanden" –
das wirft der Lehrer darauf ein –
„und werden nicht willkommen sein,
wenn Sie dort nur Hebräisch reden,
so wie sonst nur im Garten Eden."
Der Alte drauf: „Das stört mich nicht,
ich bin da voller Zuversicht,
komm' sicher nicht unter die Räder -
Ein wenig Deutsch kann doch ein jeder!"

18. Jän. 2024

Im Hühnerstall

Im Hühnerstall regiert der Hahn,
er treibt dort seine Hennen an,
sie soll'n gefälligst sich bewegen
und schöne große Eier legen.

Zufrieden ist nur selten er –
obwohl das Eierlegen schwer –
doch ihm ist das ja ganz egal,
er fordert Leistung allemal.

Dann macht er eine Inspektion,
ob Früchte trägt sein strenger Ton.
Jedoch die Eier sind zu klein;
da fällt ihm etwas Neues ein.

Er überlegt, dann fliegt er fort
an einen weit entfernten Ort.
Dort holt er sich aus dem Gebiet
ein Straußenei; das bringt er mit.

Wuchtet's dann mühsam in den Stall
und zeigt es seinem Personal.
Dann kräht er eindringlich und laut,
dass jedes Huhn dies' Ei erschaut:

„Glaubt mir, das Leben ist kein Spiel;
da könnt genau ihr seh'n, wie viel
geleistet – er sagt's dezidiert –
in anderen Betrieben wird!"

17. Jän. 2024

Katz’ und Maus

Eine Katze, die jagt Mäuse.
Mäusekinder fürchten sich,
und sie rufen nach der Mutter,
wimmern laut und eindringlich.

Doch die Mutter holte Fressen,
sie wollt’ bringen Käs’ und Speck,
ein Kind meint, sie wird bald kommen,
laufen wir inzwischen weg.

Endlich kommt zurück die Mutter,
bringt Gebäck mit, Käs’ und Speck.
Trotz des Hungers, den sie haben,
rührt kein Kind sich weg vom Fleck.

Denn sie fürchten ja die Katze,
drängen an die Mutter sich.
Doch die weiß schon, was zu tun ist,
und ihr Zorn wurd’ fürchterlich.
Brüllt „Wau-Wau“ in Richtung Katze,
diese flitzt vor Angst davon.
Darauf frühstückten die Mäuslein
nach der Mutter Aktion.

„Seht“, sagt Mutter, „wie es gut ist“ –
gibt den Kindern Unterricht –
„dass, wenn unsereins bedroht wird,
man ‘ne ‘fremde Sprache’ spricht!“

14. Jän. 2024

Bier und Medizin

Eine nette, ält're Dame
trinkt zum ersten Mal ein Bier,
kostet, riecht daran und schluckt es;
ja, das Bier, es schmeckte ihr.

Sie trinkt aus, bestellt ein neues,
und auch dieses trinkt sie aus.
So verfährt sie und trinkt weiter,
dabei denkt sie an zuhaus.

Lebt allein schon eine Zeit lang. –
Und der Kellner kommt dann her.
„Gnädigste wie kann ich dienen?
Ihnen schmeckt das Bier ja sehr!"

„Wissen Sie, ich denk' an früher,
als ich noch nicht war allein,
denn mein Mann, der trank auch so was,
jeden Tag ein Fläschlein fein.

Und erst jetzt komm' ich dahinter –
selig ging mein Mann dahin -
denn das Bier, das schmeckt genau wie
meines Mannes Medizin!"

13. Jän. 2024

Der Fressnapf

Eine elegante Dame
geht gezielt in ein Geschäft,
Tierhandlung steht an der Türe,
und ihr Hund, der mitläuft, kläfft.

„Na, gnä’ Frau, wie kann ich dienen?“,
fragte der Verkäufer sie.
„Einen Futternapf für’s Hündchen“,
sagte sie, „für ‘ma cherie’!“

Der Verkäufer zeigt ihr welche,
doch sie lehnte alle ab,
sagt: „Nur für den Hund“ soll draufsteh’n,
„leserlich, groß, nicht zu knapp!“

Schließlich bringt er neue Näpfe,
wo die Schrift sehr groß und bunt,
und er kann sich’s nicht verkneifen,
sie zu fragen nach dem Grund.
Ob ihr Hund besonders ist
und auch, ob er lesen kann?

„Nein, mein Hündchen kann nicht lesen,
aber dafür kann’s mein Mann!“

13. Jän. 2024

Donald und Donald

Zu Donald und zu Donald
gibt es ‘nen feinen Unterschied,
in USA sind sie zu Hause,
wie in der Folge man jetzt sieht.

Doch auch Gemeinsames hab’n sie,
sind beide eine Witzfigur,
gleich wirst du seh’n, wie ich das mein’,
denn eine Kleinigkeit ist’s nur.

Der Donald 1, der ist real,
der Donald 2, der ist es nicht.
Denk’ nach, vielleicht fällt es dir ein;
ich bin da voller Zuversicht.

Noch eine Hilfe geb’ ich dir:
Der eine ist umstritten sehr;
der andere ist angenehm
und tut sich leider manchmal schwer.

Die Lösung: Erster ist ein Witz,
den in der Welt fast niemand mag;
der Zweite wurd’ gezeichnet einst,
weltweit geliebt wird Tag für Tag!!

14. Jän. 2024

Die Banane

Zum Einkauf geh'n Oma und Fritz,
und dieser sieht 'ne Münze eben
vor sich am Boden. Er greift hin,
doch Oma sagt: „Die darfst nicht heben.
Das, was am Boden liegen tut,
und wäre dieses noch so schön,
greift man nicht an, mein lieber Fritz.
Komm', geh'n wir weiter, lass es steh'n."

Da sieht er einen Geldschein liegen,
die Oma sagt: „Heb' ihn nicht auf,
du siehst ja, er liegt auf dem Boden,
es steigen viele Leute drauf."

Dann liegt eine Bananenschale,
die Oma hat sie nicht geseh'n,
stolpert, rutscht aus und sagt zum Fritze,
er mög' ihr helfen, aufzusteh'n.
Und altklug, folgsam sagt der Fritz:
„Nein, denn was auf dem Boden liegt,
darf man nicht heben. – Steh' selbst auf!" –
Er fügt's hinzu, sichtlich vergnügt!

14. Jän. 2024

Der Papst und Coca-Cola

Ein Agent von Coca-Cola
kommt einst in den Vatikan,
wünscht den neuen Papst zu sprechen,
diesen aufgeschloss'nen Mann.

Gleich geleitet man den Manne
hin zum Papst – der wartet schon –
kommt dem Herrn gütig entgegen,
fragt: „Was führt dich her, mein Sohn?"

„Eure Heiligkeit, ich hätte
da ein Angebot dabei,
was, das täglich' Brot betreffend,
einmal etwas Neues sei.

Denn wir zahl'n zehn Millionen,
wenn das täglich' Brot ab jetzt
weltweit man in jeder Messe
durch das Cola nun ersetzt."

Doch der Papst winkt ab, erklärt ihm,
dass er das nicht machen kann,
denn die Menschen brauchen täglich
Brot, geweiht vom Vatikan.

Der Agent, er lässt nicht locker,
bringt so manches Argument,
und der Papst ist bald im Zweifel,
denn der Mann wirkt kompetent.

„Wir verdoppeln diese Summe
und sind voller Zuversicht,
dass Sie Cola nun forcieren.
Pecunia non olet! Nicht?“

Täglich’ Cola, täglich’ Cola,
denkt der Papst ganz still bei sich,
20 Mille abzulehnen
wär’ ein Frevel eigentlich.

Der Latein-Spruch wirkte Wunder,
denn der Papst verlangte dann,
seinen Wirtschafter zu sprechen,
und er weist ihn sofort an,
den Vertrag zu überprüfen,
der die Bäckerei betraf,
wo man bisher stets bestellte
Hostien, und zahlte brav.

Ordnete gleich an, zu lösen
den Vertrag mit Bäckerei.
„Kündigen Sie den Kontrakt.
Wir sind ab jetzt schuldenfrei!“

Und am Ende denkt er dieses:
Cola kann man doch auch weih’n.
In der nächsten „Päpstlich Bulle“
wird dies dann besiegelt sein!

Spieglein, Spieglein ...

Eine Frau, die mollig war,
stellte vor den Spiegel sich,
sie betrachtet sich darin,
findet sich recht ansehnlich.

Überlegt kurz voller Stolz,
fragt den Spiegel an der Wand –
überzeugt von sich war sie –
wer die Schönste sei im Land.

Doch der Zauberspiegel streikt,
er gibt keinen Ton von sich,
ganz nervös wird drauf die Frau
und ein wenig ärgerlich.

Sie verflucht den Spiegel dann,
droht, ihn abzuhängen gleich,
wenn er keine Antwort gibt;
darauf wird der Spiegel weich.

Voller Angst und Wut zugleich
äußert er dann endlich sich,
er schaut an die mollig' Frau,
sinnt auf Rache sicherlich.

Denn er sagt ihr: „Du musst mal
ein paar Schritt' zur Seite geh'n,
deine Leibesfülle stört,
ich kann überhaupt nichts seh'n!"

1. Jän. 2024

Ein Mann von 80

Ein Mann von 80, der trat ein,
die Apotheke war sein Ziel,
bestellt' dort flugs Viagra-Pill'n;
er wirkte eigentlich agil.

Der Apotheker gibt sie ihm,
ein Stück heraus nahm dann der Mann,
zerdrückt es schließlich sehr gekonnt
und schnupft es durch die Nase dann.

Der Apotheker: „Das ist falsch,
Sie müssen's schlucken, lieber Herr!"
Darauf der Alte: „Aber nein,
so hilft es besser hinterdrein!"

Und klärt den Apotheker auf:
„Warum ich's in die Nase stopf'? –
Der Sex in meinem Alter doch,
er findet statt nur mehr im Kopf!"

31. Dez. 2023

Die Fußball-WM

Fußball-WM war wieder mal –
das teilt' ein Mann dem Freunde mit
Am Sonntag ist das erste Spiel,
das wird bestimmt ein Super-Hit!

Er sagt zum Freund: „Geh' komm doch mit,
ich hab' ein Ticket noch für dich."
Der Freund: „So einfach ist das nicht,
an diesem Sonntag heirat' ich!"

Denkt nach und schlau fügt er hinzu:
„Ich käm' gern mit; gib mir Bescheid,
wenn jemand Interesse zeigt
und zu dir sagt, er sei bereit."

Der Freund fragt ihn: „Wie meinst du das?
Denn gar so einfach ist das nicht."
Der andere: „Alles Okay,
ich bin da voller Zuversicht!"

Denn vor der Kirche wartet sie,
im Brautkleid steht gerührt sie da,
1,70 groß und blond ist sie,
ihr Name, der ist Silvia!

31. Dez. 2023

Männergespräch

Zwei Männer unterhalten sich,
sind an dem and'ren int'ressiert,
sie reden über dies und das,
sind indiskret, ganz ungeniert.

Erst reden über Frauen sie
und über ihre Hobbys auch,
den Fußball und die Politik,
auch über den Benzinverbrauch.

Dass ihnen Autos wichtig sind,
kann jedermann sehr gut versteh'n,
sie prahlen mit ihren PS,
und ihre Fahrkunst sollt' man seh'n,

Der eine nennt seinen Beruf,
welcher unheimlich wichtig sei,
der and're hört aufmerksam zu
und ist dann schließlich an der Reih'.

Denn ersterer, der fragt ihn jetzt,
welchen Beruf denn dieser hat.
Der antwortet: „Bin Zauberer
und manches Mal auch Akrobat!"

Der Erste: „Ja, mein Bruder auch,
übt Zaubern nur als Hobby aus. –
Doch welche Tricks kennen denn Sie?",
fragt er den zweiten gradheraus.

„Ja, ich zersäge Menschen gern“,
erwidert dieser ohne Scham,
„das Publikum ergötzt sich dran
und will dann auch ein Autogramm!“

Und schließlich dann der Erste fragt:
„Hab’n Sie Geschwister so wie ich?“
„Ja“, sagt der Zweite, „ich hab’ zwei;
Halbschwestern sind es eigentlich!“

30. Dez. 2023

Ein kleiner Gauner

In meiner Branche, da geht’s heut’ zu,
gar viele landen einen Coup,
und will man auch was davon haben,
da muss man bitten um die Gaben.
Man muss sich spezialisier’n,
nicht so wie früh’r die Leut’ abstier’n.
Die Technik ist heut’ dominant,
ein jedes Ding ist hoch brisant,
das Mindeste sind Hehlerei’n ...
ich möcht’ ein kleiner Gauner wieder sein!

Wenn ich zurückdenk’, meiner Seel’,
wie war’n wir munter und fidel,
wenn wir gedreht hab’n manches Ding,
hab’n teilt uns jeden Silberling.
‘nen Dietrich hatte jedermann,
damit war es schon abgetan.
Heut’ plündern sie die Bank im Frack –
wir trugen einen Anorak –
hab’n viel erbeutet obendrein
ich möcht’ ein kleiner Gauner wieder sein!

Doch zeigt sich auch in dem Beruf,
dass jemand den Computer schuf,
mit dem auch wir, die Unterwelt,
verdienen heute unser Geld.
Heut’ knackt man Codes, erstellt Programm’,
man hinterlässt sein Autogramm,
und das bewundern auch die Leut’:
„Na, sind die Gangster heut’ nicht g’scheit?!“

Man kann davon sich schwer befrei'n ...
ich möcht ein kleiner Gauner wieder sein!

Drum trauer‘ ich den Zeiten nach,
wie wir ins Haus g'stieg‘n übers Dach,
und wie wir manchen dicken Herrn
erleichtert haben allzugern
um seine Scheine, seine Uhr,
und Taschen stahlen, ‘ne Skulptur
dort, beim Antiquitätenhändler,
und manches auch bei einem Tändler,
ein Stück‘l Wurst, ‘ne Flasche Wein …
ich möcht‘ ein kleiner Gauner wieder sein!

Heute ist alles kompliziert,
manche Kollegen hab‘n studiert,
da komm‘ ich wirklich nicht mehr mit –
und ich war einst der Favorit.
‘s gibt keine Liebe mehr im Job,
von uns‘rem Chef kriegt man kein Lob –
vor Jahren war ich am Zenit –
doch heut‘ zählt nur mehr der Profit.
Wend‘ mich nun ab von dem Verein ...
ich möcht‘ ein kleiner Gauner wieder sein.
Ich möcht‘ ein kleiner Gauner wieder sein!!!

Regenbogen

Der Sommerregen hat als Kind
mir viel gegeben,
der Freiheit Luft hab' ich gespürt
und ihren Segen,
plötzlich ganz weit entfernt und doch zum Greifen nah
war mein geliebter Regenbogen da!
Ein Bilderbuch an Farben
entstand am Horizont,
ich lief dem Himmelsspiel entgegen
so schnell, wie ich nur konnt'!

Erst schien er klar und später doch verschwommen,
ich bin ja nie, nein nie, ans Ziel gekommen.
Er war gewaltig, stimmungsvoll,
alles umhüllend, einfach toll,
gab mir Geborgenheit, war nur für mich da –
er war gestreift, entfernt und doch nah
und viel, viel bunter als der Herbst gar,
als jeder Schmetterling es je war.

Am Schluss verschwand er, wie er kam –
nachdem er in den Arm mich nahm

6. Dez. 2023

Stille

Ich lieb' die Stille immer schon,
hör' nie Musik vom Grammophon,
verachte alle lauten Töne,
besonders ungestüm's Gedröhne.

Drob'n auf den Bergen ist es still,
dort zieht's mich hin, wenn ich es will.
Beim Schlafen fühle ich mich wohl,
der Zustand ist geheimnisvoll.

Im Walde halt' ich's manchmal aus,
das sage ich ganz frei heraus,
ich höre dort den Vöglein zu,
doch oftmals geb'n sie keine Ruh'.
Dann mache ich mich auf und geh'
und denke still bei mir: ade!

Zum Friedhof geh' ich allzu gern,
denn dort kann man gar oft nichts hör'n.
der Tod macht alle Menschen still,
drum ist der Ort ein lohnend' Ziel.

Und sollte ich einst taub gar sein,
dann freue ich mich ungemein.
So still wird's, dass ich hören kann
das, was ich denke, nun fortan!

2. Dez. 2023

Ein Stelldichein

Es war an einem grauen Abend,
per pedes eilte ich nach Haus',
da hielt ein Wagen, ein mondäner,
und eine schöne Frau stieg aus.

Sie sprach mich an mit knappen Worten,
und ich stieg in das Auto ein –
sie hatt' mich dazu eingeladen –
am Himmel war schon Mondenschein.

Gemustert hatte sie mich prüfend,
ich brachte kaum ein Wort heraus,
dann fuhr sie los entlang der Straße,
zunächst nur immer geradeaus.

Jetzt herrschte angespanntes Schweigen,
sie wirkte plötzlich eiseskalt,
verließ abrupt nun diese Straße,
bog ab in Richtung dunkler Wald.

Dann hielt sie an, stellt' ab den Motor
und schaute mich ganz fordernd an;
die Blicke trafen sich nun endlich,
versenkten sich begehrlich dann.

Ein jeder von uns hat verstanden,
wir kamen schweigend überein ...
Und auf der Rückbank ihres Wagens,
da gab sie mir ein Stelldichein!

2. Dez. 2023

GOTT

Die Menschheit gibt es nun schon lange,
und vielen geht es gar nicht gut,
doch gibt uns vieles, wenn wir beten,
dann endlich wieder neuen Mut.

Von Kindheit an werden wir älter,
und es gibt manche Schwierigkeit,
wir beten, dann würd' alles besser,
sind gottergeben allezeit.

Ist unser Gott mal nicht bei Laune,
dann flehen wir ihn bittend an,
auf dass er uns gefälligst helfe,
und sind ihm betend zugetan.

Doch geht's uns gut, vergessen oft wir,
wer hinter diesem Hoch wohl steckt
So sagen's uns die gläubig' Christen:
es kommt von Gott zu uns direkt.

Das nehmen dankend wir zur Kenntnis
und freu'n uns wie ein kleines Kind,
doch ob es Gott gibt, ist uns schnuppe,
weil selbst wir Lebenskünstler sind.

Geht's uns nicht gut in uns'rem Leben
durch Krankheit und durch Unglück auch,
dann sind wir froh, dass weise Alte
dereinst einführten diesen Brauch.

Und plötzlich kommt man zu dem Schlusse,
dass diese Alten es erdacht:
Wir haben einen Gott erfunden,
dass Leben er erträglich macht!

2. Dez. 2023

ELISABETH IST VIERZIG – kaum zu glauben!

Altersschwachsinn, Diabetes
und Sklerose, man versteht es,
prophezeien Altersforscher,
Knochen werden immer morscher.
Schlechte Augen, taube Ohren,
Bluthochdruck, total verloren,
Altersstimme, Depression –
alles reine Fiktion,
was die Forscher uns verkaufen;
sie empfehlen uns, zu laufen.
Kindisch sein, Verschrobenheit,
schau' mich an – Geschwätzigkeit!
All dies fängt mit VIERZIG an,
meint so manch gelehrter Mann.

Doch du strafst die Schwätzer Lügen,
denn in deines Wesens Zügen
habe ich sofort erkannt:
Deine Werte sind brillant!
Intellektuell, natürlich,
gutaussehend, auch figürlich,
und flexibel bist du sehr –
also sag: Was willst du mehr?

Musikalität im Blute
hast im Übermaß du Gute,
psychologisch sehr beschlagen
verbreitest du nur Wohlbehagen.
Auch dein Hund jault gerne mit,
intonierst du mal ein Lied

auf der Klarinette dein –
und auch wir stimmen mit ein.
Man könnte dies noch weiterspinnen,
doch woll'n wir uns zurückbesinnen:
An einem Sonnentag geboren,
ein schöner Name ward erkoren;
Elisabeth, Elisabeth –
was für ein Klang! denkt der Poet.

Und damit komm' ich schon zum Schluss –
Du bist ja wirklich gut in Schuss!!!

4. Jän. 2024

Im Café

Samstagmorgen, so wie immer,
schäl' ich mich aus meinem Zimmer.
Na, was wird der Tag heut' bringen,
Trübsal blasen oder singen?

Nun, genau wie jeden Tag
nehm's Café ich in Beschlag,
wälz' gemütlich mich dorthin,
freue mich auf „feminin".

Welche Damen sind heut' dort,
frag' ich mich in einem fort,
hab' ein düsteres Gefühl,
denn erwart' zumindest Stil.

Ich betrete dieses Haus,
Trübsal blasen ist gleich aus,
denn mein Aug' erblickt im Nu
Lieblichkeit geradezu.

Und das bringt mich gleich zum Singen,
auch mein Innerstes zum Swingen,
und ich rufe laut: „Hurra!,
meine Lieblinge sind da!"

9. Jän. 2024

Das Gesundheitsbuch

Lese ich in dessen Zeilen,
denk' ich, alles wird verheilen
nach „Beschneidung“ mit Skalpell
wunderbar, professionell.

Schmiede Pläne für nachher,
tu mir dabei gar nicht schwer,
denke gleich an Doktor Schmidt,
der mir riet zu diesem Schritt.

Stell' mich ein auf die OP
ohne Angst, ohne oweh!
Auch mental bin ich ganz groß,
bald bin ich die Schmerzen los!

überzeugt, dass alles klappt,
hab' ich mich dabei ertappt,
wie ich voller Zuversicht
glaube an mein Lebenslicht.

Darum weiß ich es schon heut',
dass ich bestens werd' betreut.
Weil gesund ich würd' in spe,
freu' ich mich auf die OP!!!

8. Jän. 2024

Radio hören

Für immer jung –
ist das nicht toll –
Esprit und Schwung
in Dur und Moll.

Rot ist der Wein,
die Heide grün,
so soll es sein,
denn das macht Sinn.

Ich hör' gern zu;
Musik mit Stil
entzückt im Nu
jeden, der will.

Es moderiert
ein Michael
sehr, sehr versiert
Schalt' ein ganz schnell!

Damit du nichts,
ja nichts versäumst
und voll des Lichts
davon dann träumst.

Romantik pur
in Harmonie
mit einer Spur
von Symphonie.

In uns’rer Welt
der Einsamkeit
hat dies gefehlt;
es wurd’ schon Zeit.

Charismatisch geht
es hoch hinaus,
und man versteht:
ein Blumenstrauß!

Hast du dann Glück,
erfühlst du ihn –
lehn’ dich zurück
und gib dich hin!

6. Jän. 2024

Meier-Family am Meer

Meier-Family am Meer,
Urlaubsherz, was willst du mehr?
Ja, sie fahren an die See,
reduzier'n hier ihr Budget.

Sie woll'n schwimmen wie ein Hai,
jeder kann's ganz einwandfrei.
Nur die Silvie ist's, die kneift,
sie ist wasserscheu und pfeift
gleichsam aus dem letzten Loch,
weil sie einst ins Wasser kroch
und in diesem fast ertrank;
hörte schon den Grabgesang.

Ja, Schwimmflügel braucht sie nun,
auch ein Schwimmreifen würd's tun,
daß sie nicht mehr untergeht. –
Sonst ist sie ja ein Ästhet.

Nun tritt Peter auf den Plan,
legt ihr sorgsam Flügel an,
bringt 'nen Reifen und auch Flossen,
denn er liebt sie unverdrossen.

Schließlich schwimmt sie sehr gewandt,
ja, auch wirklich elegant,
so wie einst schon Neptun schwamm
und Poseidon auch gleichsam.

Und die Kinder steh'n nun da,
ihre Mäuler schrei'n Hurra,
denn die Mama ist perfekt
und im Meer ein Knalleffekt!

Und die Moral von der Geschicht':
Verachtet mir die Silvie nicht!!!

5. Jän. 2024

---.---.---.---.---.---.---

Musikverein, du gutes Tier,
na warte nur, wir kommen dir,
nun öffne dein „erlauchtes Tor“,
denn uns're Damen preschen vor,
begeben auf die Bühne sich,
japanisier'n gemeinschaftlich.

Im Hintergrund erscheint der Kurt,
während die Christa selig schnurrt,
sie liebt Theater ja so sehr
und die Musik ja noch viel mehr.
Professors Kunst sie fasziniert,
zeitweise ist sie ganz verwirrt,
wenn des Gemahls Fernostmusik
sich formt zu einem Mosaik.
Ja, auch die Töchter sind entzückt
und geben sich ganz weltentrückt.

Kirschblüten schießen in den Kopf,
seh'n einen Mann mit einem Zopf
in ihrer kühnsten Fantasie,
ja, ja, vom Tenno träumen sie.
… Ein Stäbchenspiel streift ihren Sinn ...
Kurt mahnt ganz streng: „Mehr Disziplin!“

Aber auch er denkt ab und zu
an einen „Tag in Titipu“,
kein Wunder, er als Komponist
weiß, dass dies Operette ist.
Musik, Theater, Mimik pur,

eine ganz köstliche Mixtur,
diese Familie zeigt's vor,
Applaus dringt an ihr Künstlerohr,
genießen stolz ihr täglich' Brot –
sie sind von echtem Korn und Schrot!

Der Abend schreitet flott voran,
ja, und mit allem Drum und Dran
zieh'n sie Register ihrer Kunst,
erwerben aller Leute Gunst.
Und schließlich folgt das letzte Lied,
sie sind jetzt wirklich am Zenit.
Man kann die Rote Sonne seh'n
auf weißem Grund – welch Phänomen,
sie brachten Japan uns nach Wien,
Schauspieler, Sänger, Tänzerin,
und zogen uns in ihren Bann -
drei edle Damen und ein Mann!

Ob du es jetzt schon sicher weißt,
wie dieses Stück denn wirklich heißt? –
Doch weißt du‘s nicht, kenn‘ ich ‘ne List,
wie dies Problem zu lösen ist:
Schau‘ dir die Anfangsbuchstab‘n an
von jeder Strophe – „M“ fängt an –.
Reih‘ also jeder Strophe Kopf-
buchstabe auf zu einem Zopf.
Es kommt ein Name dann heraus,
der sagt sehr vieles für dich aus.

Schlussendlich strahlst du voller Glück
und weißt: „---.---.---.---.---.---.---“ heißt das Stück!!!

11 SCHULGESCHICHTEN

Großvater

„Dein Großvater soll zu mir kommen!“
Das war des Lehrenden Begehr.
Der Schüler meinte: „Nicht mein Vater?“
„Nein, nein, das stimmt schon, schick‘ ihn her!“

„Warum soll denn mein Vater nicht
erscheinen, wenn’s um mich wohl geht?“
„Den Großvater, den will ich sprechen
unter vier Augen, ganz diskret.
Ich will ihm nämlich einmal zeigen
die Fehler, die sein Sohn verbracht’,
dann, wenn er deine Hausaufgaben
für dich zu Hause immer macht!“

16. Dez. 2023

Franz

Franz, nenn' mir ein paar Tiere nun,
sagt freundlich seine Lehrerin,
der Franz denkt nach, dann nennt er welche,
und einige sind's immerhin.

Ein Pferdchen, Schweinchen, Eselchen,
das sagt er einfach so dahin.
Die Lehrerin ist fast zufrieden,
doch daraufhin belehrt sie ihn.

Sie sagt: Das ist ja ganz in Ordnung,
doch lass das „chen" am Ende weg,
es gibt ja nicht nur kleine Tiere,
auch große gibt's zu manchem Zweck.

Den kleinen Franz, den stört das sehr,
weil er hat wahrlich sich bemüht,
dann denkt er nach, hat 'ne Idee;
der Bursche ist ganz abgebrüht.

Und plötzlich platzt's aus ihm heraus,
verärgert sagt er, gar nicht nett:
Na gut, dann will ich welche nennen,
und sagt: Eichhörn, Kanin und Frett!!

14. Jän. 2024

Susi

Die Lehrerin fragt eines Tages,
was denn die Schüler werden woll'n
und fügt hinzu mit strenger Miene,
dass sie sehr fleißig lernen soll'n.

Lokführer werd' ich, sagt der eine,
ein anderer würd' gern Pilot,
und Krankenschwester wird ein Mädchen,
viel' kranke Menschen leiden Not.

Verkäuferin, Friseurin and're,
Frau Lehrer hört aufmerksam zu,
dann sagt sie zu der Kleinsten: „Susi,
und was, du liebe, wirst denn du?“

„Ein Fotomodel will ich werden,
wenn ich dereinstens hübsch mal bin,
doch wenn das aber nicht der Fall ist,
dann werd' ich sicher Lehrerin!“

14. Dez. 2023

Du musst, und Ende

Franz, der sagte eines Tages:
Möcht nicht mehr zur Schule geh'n!
Die Familie dacht' anders,
fragte: „Was ist denn gescheh'n?"

Nun hatt' er darauf entgegnet:
„Schüler mögen mich doch nicht,
hassen tun mich auch die Lehrer,
Schulwart ist ein Bösewicht!
Alle können mich nicht leiden,
meiden den Kontakt mit mir,
fühl' mich dort, als hätt' ich Aussatz,
bleib' ab jetzt drum lieber hier!"

Eine Stimme ließ nicht locker,
feixt: „Du gehst, das sag' ich dir,
bist 45 und Direktor.
Tu dois le faire et finir!"

15. Dez. 2023

Religionsunterricht

Ein Geistlicher erklärt den Schülern,
wie eigentlich der Mensch entstand,
er sprach von Adam und von –Eva,
mit denen wären wir verwandt.

„Sie sind die Vorfahren von allen,
das gilt für euch und auch für mich“, –
so sprach er manchmal auch lateinisch, –
es war recht abenteuerlich.

Jetzt meldet sich der Fritz zu Worte,
zitiert der Eltern Meinung nun
und sagt: „Wir stammen ab vom Affen,
mit Adam hat das nichts zu tun!“

Erbost wird drauf der Geistliche,
er donnert in den Raum hinein:
„Fritz, deine Alten soll’n sich schämen,
dann seid ihr auf der Welt allein.
Wir reden hier von euch ja gar nicht,
vom Garten Eden reden wir,
wenn ihr vom Urwald kommt, na bitte,
dann seid kein Mensch ihr, sondern Tier!“

15. Dez. 2023

Abschreiben

Bei einer Mathematik-Arbeit
tun manche Schüler sich sehr schwer,
sie schielen gerne zu dem Nachbarn,
weil dieser weiß gewöhnlich mehr.

Sie rechnen, dass die Köpfe rauchen,
doch das Ergebnis stimmt oft nicht,
man schreibt dann ab, was man erspähte,
und ist dann voller Zuversicht.

Die Lehrkraft schreitet durch die Klasse,
sie werden alle kontrolliert,
ertappt der Lehrer manchmal einen,
dann wird das Heft gleich konfisziert.

Und kürzlich hat er Max gesehen,
wie dieser abschrieb ungeniert,
er musst' dann in der Ecke stehen,
der Lehrer war ganz echauffiert.

Doch dann beruhigt' er sich wieder
und sagt' zu Max ganz väterlich:
„Ich hoff', dich nicht mehr zu erwischen,
bist sonst ja immer ordentlich!"

Drauf Max: „Sie hoffen, sagen Sie,
mich zu erwischen bei dem Brauch,
'was abzuschreiben, niemals mehr",
und meint zum Schluss: „Das hoff' ich auch!"

14. Dez. 2023

Schule schwänzen

Uns're Lehrerin ist super,
lässt uns immer freie Hand,
wollten wir 'ne kleine Pause,
war sie immer sehr charmant.

Eines Tag's, wir schwänzten wieder
uns'ren Unterricht bei ihr,
war sie gar nicht bös' darüber,
manchmal war auch sie nicht hier.

Schule schwänzen ist was Schönes,
predigte sie manches Mal,
und wir staunten sehr zufrieden,
denn das war gar oft der Fall.

Und an einem nächsten Tage
ließen wir allein die Frau,
dachten, ganz in ihrem Sinne
machen heut' wir wieder blau.

Im Café, gleich um die Ecke,
trafen wir uns alle dann,
dachten nicht mehr an die Schule,
machten uns an Mädchen ran.

Plötzlich stockte uns der Atem,
denn Frau Lehrerin saß da,
hat beim Schwänzen ihre Schüler
nun ertappt, welch ein Fauxpas.

Doch sie sagt’ zu ihrer Runde:
„Schaut, die sind mein ganzer Stolz,
jeder dieser tollen Burschen
ist aus ‘nem besond’ren Holz!“

8. Dez. 2023

Das Problem

Die Lehrerin stellt viele Fragen,
erwartet eine Reaktion,
doch leider rührt sich nicht mal einer,
auch nicht der Klassen-Champion.

Sie bohrt und bohrte munter weiter,
dann reduziert sie ihren Druck,
die Schüler schauen nur und schweigen,
und keiner nimmt darauf Bezug.

Nachdem sie nicht mehr aus und ein weiß,
denkt sie, mit Strenge geht es nicht,
fragt freundlich einen nach dem andern
und auch den Klassen-Bösewicht.

Sieh da, der Schlimmste reagiert nun,
er hat die Antwort, so sagt er,
erleichtert ist die Frau Professor,
stellt ihm ‘ne Frage, nicht zu schwer.

Und auf den Fuß folgt seine Antwort,
er räuspert sich und sagt zudem:
„Ich hab’ dazu zwar keine Lösung,
bewunder’ aber das Problem!“

8. Dez. 2023

In der Katholischen Schule

In unserer Katholisch' Schule
ging's uns immer sehr, sehr gut,
täglich haben wir gebetet,
das gab uns für's Lernen Mut.

Stand manch Tag's ein Test bevor,
waren zuversichtlich wir,
jeder von uns gab sein Bestes,
denn wir war'n zum Lernen hier.

Manche waren schlechte Schüler,
auch sehr gläubig war'n sie nicht,
doch sie fügten sich und lernten
manchmal gern auch ein Gedicht.

Es ging immer um den Glauben,
das wurd' manchem oft zu viel,
denn sie dachten immer wieder
nur an Mädchen, Sport und Spiel.

Gab es einmal eine Arbeit,
welche niemandem gefiel,
schrieben sie dann trotzdem weiter,
mancher auch in schlechtem Stil.

War es mal ein Nicht genügend,
das man leider auch erhielt,
suchten wir nach einer Lösung,
strengten an uns, ganz gezielt.

Und wir fanden einen Ausweg,
wie man einen Test beschließt,
damit dies, wenn er auch schlecht war,
der Präfekt wohlwollend liest.

Denn am Schlusse jeder Arbeit
schrieben wir gezielt dazu:
„Jesus liebt dich“, was erfreute
jede Lehrkraft dann im Nu.

Darauf gab es Bonuspunkte,
was für uns sehr wichtig war,
denn flugs war das Nicht genügend
damit weg, unanfechtbar!

8. Dez. 2023

Unser Pauker

Stellte ich dem Lehrer Fragen,
sagte er: „Lass mich in Ruh!“
Er fuhr weiter mit dem Stoffe,
und er hörte niemals zu.

Langweilig und fad war er,
wenn er vortrag ganz steril,
und wir schliefen schon fast ein,
doch das war nunmal sein Stil.

Manche gähnten schon dabei,
doch er ging nicht auf uns ein,
betet’ runter – Vortrag null –,
eigentlich war er gemein.

Unser Wissen wurd’ nicht mehr
doch das war ihm ganz egal.
Schrieb er an der Tafel dann,
war, was er schrieb, schlicht banal.

Schließlich wurd’ es mir zu bunt,
denn ich war zum Lernen hier.
Und mit Nachdruck und ganz forsch
zeigt’ ich meine Wissbegier.

Fragte dies und fragte das,
dann ging murrend er drauf ein,
hört’ der Pauker endlich zu;
ja, so sollt’ es immer sein.

Eine Frage, die nun folgt',
bracht' ihn aus dem Gleichgewicht,
er wich aus, war nicht erfreut;
Kniffliges vertrug er nicht.

Und daraufhin meinte er:
„Google es, dann weißt du's gleich."
Unsicher sah er mich an,
und er wurde etwas bleich.

Die Moral davon war dies:
Entweder er wußt' es nicht,
oder meine Frage war
ihm ganz einfach nur zu schlicht.

Ich vermute Ersteres,
meine Frage war nicht dumm,
und zum Glück für diesen Wicht
war grad' jetzt die Stunde um,
denn die Glocke läutete,
er verließ nun flugs den Saal,
Schulschluss war, zu aller Freud.
Gnad' ihm Gott beim nächsten Mal!

Dez. 2023

DIE 7 WELTWUNDER

1. Die Pyramiden von Gizeh

Am Rande der libyschen Wüste
hat man diese einstmals erbaut,
seit 4500 Jahren
sind diese uns jetzt schon vertraut.

Denn sie sind das einzige Wunder,
das heute uns stolz noch erfreut,
die Grabmäler für Pharaonen
sind Bauten, die gar manchen dräut.

Berühmt ist vor allem die Cheops,
die viele von uns schon geseh'n,
ist größer als manch' Hochhaus heute,
errichtet fürwahr homogen.

Sie mögen erhalten uns bleiben
für lange, für ewige Zeit,
steh'n hoffentlich noch 1000 Jahre
beeindruckend und himmelweit!

18. Dez. 2023

2. Die hängenden Gärten von Babylon

Für Königin Semiramis
hat man sie angelegt,
denn diese liebte Pflanzen
und pflegt' sie unentwegt.

Nebukadnezar war ein König,
der diese einst erschuf –
sie war seine Gemahlin –
zu Königins Behuf.

Terrassengleich war'n diese,
wie Stufen ebendort,
machten daher den Eindruck,
zu hängen an dem Ort.

Und manche Kletterpflanze
verstärkte dieses Bild
der Babylon'schen Gärten,
harmonisch, prächtig, mild!

18. Dez. 2023

3. Der Tempel der Artemis in Ephesos

Ephesos' ionische Bewohner
errichteten den Tempelbau
zu Ehr'n der Göttin Artemis,
Göttin der Jagd, verehrte Frau.

Mit Marmor gab's 'nen Säulenwald,
Silber und Gold wurd' angebracht.
Doch Herostratos kam hinzu,
verbrannt' das Bauwerk über Nacht.

Die Griechen spendeten sodann,
man baut' den Tempel wieder auf,
er übertraf den ersten noch
an Größe, Schönheit dann zuhauf.

In den Museen von Ephesos
und Seltschuk heut' in der Türkei
kann man nachgebaut ihn man noch seh'n;
der Geist der Griechen ist dabei!

18. Dez. 2023

4. Die Statue des Zeus in Olympia

Olympia – Peloponnes,
für Kenner Hort der Sportlichkeit,
es war in der Antike schon
das Nonplusultra jener Zeit.

Des Göttervaters Zeus zu Ehr'n
gab's Wettkämpfe im Heiligtum,
im Mittelpunkte des Geländes
stand Zeustempel im Atrium.

Zwölf Meter hoch die Statue
des Zeus, das Zepter in der Hand,
ein Ölbaumkranz, Zeichen des Sieges,
auf seinem Haupte sich befand.

Die Augen war'n aus Edelstein,
aus Elfenbein Hand und Gesicht,
zwei Löwen trugen seine Fußbank,
sein Herrscherthron strahlte im Licht.

Ein Erdbeben, das schrecklich war,
erschüttert' schließlich die Figur,
zerstörte Zeusens Statue,
und übrig blieben Trümmer nur!

19. Dez. 2023

5. Das Mausoleum in Halikarnassos

Halikarnassos, Residenz
des Perserkönigs Mausolos,
war Ort des Grabmals seines Will'ns
und glich fast einem prächtig' Schloss.

Ägyptisch, Griechisch, Persisch
war'n die Elemente dieses Baus,
ein Monument, weltwunderhaft;
es war auch seiner Zeit voraus.

Und vielen anderen Kultur'n
war dies ein Vorbild allemal,
sie nannten Mausoleum es
im ganzen Erdkreis, überall.

Es war fast 50 Meter hoch,
fünfstufig, prächtig, mannigfach,
und 40 Säulen hat's umfasst,
ein Viergespann am Stufendach.

Besondere Bewunderung
galt auch den Marmorfriesen noch,
und Reliefs und Statuen
war'n Zeugen glorreicher Epoch. –

Die Erde bebt', bewirkte, dass
das Mausoleum ihm erliegt.
Durch Einsturz zur Ruine wurd's. –
Ja, die Natur hatte gesiegt!

19. Dez. 2023

6. Der Koloss von Rhodos

Helios, der Sonnengott,
er war Rhodos' Schutzpatron.
Als die Hauptstadt wurd' belagert,
wirkte seine Schutzmacht schon.

Der Belag'rung hielt man stand,
schuldet' nun dem Gott spontan
großen Dank, und man errichtet
ihm zu Ehr'n ein Standbild dann.

Dieses Standbild glich dem Gotte
und war 30 Meter hoch,
ganz aus Bronze ward' es gegossen,
hatt' Besonderheiten noch.

Sein Gesicht und seine Krone,
siebenstrahlig und aus Gold,
und ein Finger wurd' noch größer,
als man ursprünglich gewollt.

Dieser war dann so gewaltig,
dass ein ausgewachs'ner Mann
ihn nur schwer mit beiden Armen
ringsherum umfassen kann.

Der Koloss stand nicht im Hafen
mit gespreizten Beinen dort,
so wie einst vermutet wurde.
Nein, an einem and'ren Ort.

In der Gegend nah' dem Hafen
bei des Gottes Heiligtum,
hatt' man später rausgefunden;
ruhmreich ad infinitum.

Nach nur wenigen Jahrzehnten
bebte dann die Erde dort
und zerstörte dieses Standbild,
der Koloss war damit fort!

Durch einen Bedeutungswandel,
tief ins Griechische getaucht,
wird noch heut' für Riesenhaftes
der Begriff „Koloss“ gebraucht!

22. Dez. 2023

7. Der Leuchtturm von Pharos

120 Meter hoch
maß das Bauwerk dazumal,
auf der Insel Pharos war's,
gut zu seh'n von überall.

War ein Tagturm vorerst nur,
leuchtet' später dann bei Nacht,
denn der Schiffsverkehr nahm zu,
Feuer wurde nun entfacht.

War recht hoch, erst Unterbau,
zwei Geschoße dann dazu.
Rundbau mit der Leuchtanlag'
sah von Weitem man im Nu.

Auf dem Dach, da stand des Zeus'
Statue in aller Pracht,
man erhoffte seinen Schutz,
darum wurd' sie angebracht.

Doch die Erde bebt' auch hier,
und der Leuchtturm dann verschwand.
Doch ein Sultan baute nun
eine Festung kurzerhand.

Diese kann man heut' noch seh'n,
steht sie doch am Fundament
dieses Leuchtturm-Wunderdings;
auch ein tolles Monument.

Pharos nennt man heute noch
in romanischem Gebiet,
was die Sprache anbelangt,
jeden Leuchtturm, den man sieht!

22. Dez. 2023

KLEINE VÖLKERKUNDE IN REIMEN (7 VÖLKER)

Die Azteken

Azteken war'n besond'res Volk,
die Hochkultur im Raum schlechthin,
sie nannten sich erst Nahua
und später Mexica forthin.

Die Sprache Nahuatl war
Aztekensprach' von Anbeginn,
sie kamen aus dem Ort Aztlan,
's lag irgendwo im Lande drin.

Verschied'ne Völker lebten dort,
Azteken war'n ihnen im Weg,
auslöschen wollte man sie drum,
sie tilgen aus dem Ländereck.

Doch war ihr Widerstand enorm,
sie waren kampferprobt und zäh
und wurden immer mächtiger
am Anfang gleich und dann in spe.

Sie gründeten Tenochtitlan,
's war ihre Hauptstadt dann im Nu,
auf einer Insel in 'nem See;
ein Adler kam hinzu im Flug.

Mexico-Stadt wurd' dann daraus,
bis heute ist sie Hauptstadt dort,
sie wurde größer, wuchs und wuchs
zu einem Millionenort.

Keineswegs Wilde waren sie,
hatten Kalender, Tempel auch,
brachten auch Menschenopfer dar,
für ihre Götter, so ihr Brauch.

Auch and're Völker taten dies. –
Dann kamen Spanier ins Land,
eroberten im Handumdreh'n
Azteken-Reich mit eis'ner Hand.

Neu-Spanien, so hieß es nun,
man tilgte die Erinnerung,
versucht' zu löschen die Kultur
mit feindlicher Bevölkerung.

Azteken aber gibt's noch heut'
im wunderschönen Mexiko,
es haben viele überlebt,
wie's sein soll, comme il faut!

25. Dez. 2023

Die Maya

In Mittelamerika
war'n die Maya einst zuhaus',
hatten eine Hochkultur,
breiteten sich weiter aus.

Guatemala, Mexiko,
Honduras, El Salvador
und Belize kam hinzu,
das man dazu auserkor.

Als Kolumbus eines Tag's
in ihr Leben dann eindrang,
war vorbei die Hochkultur,
schon geweiht dem Untergang.

Spanische Eroberer
rotteten die Sprache aus,
und man drängt die Maya dann,
abzuzieh'n mit Mann und Maus.

In the 19th century,
da erfuhr man wieder was
von der Maya-Hochkultur,
eine Sensation war das.

Überreste der Kultur
war'n 4000 Jahre alt –
gleich mit der Ägypterzeit –
überragend, mannigfalt.

Pyramiden baute man
und Figuren Göttern gleich,
drin im Urwald zu bestaunen
heute noch im Maya-Reich.

Städte führten Krieg um Krieg,
die Kultur darunter litt,
auch die Umwelt war bedroht;
man kann's lesen a la suite.

Denn zu viel Mais baut' man an,
was ein großer Fehler war,
Böden wurden ausgelaugt,
mit der Zeit dann unfruchtbar.

Die Gelehrten in dem Volk –
Zeitrechnung war ihr Metier –
rechneten auch mit der Null,
das verstand sich nun per se.

Doch der Maya Hochkultur
bracht' die Schrift in dieses Land,
Sprache wurd' damit bewahrt;
wird bis heute angewandt!

26. Dez. 2023

Die Inka

Im heut'gen Südamerika
lebten die Inka immer schon,
die Hauptstadt Cusco in Peru
war damals ihre Bastion.

Eroberten die Anden auch,
dieser Gebirgszug war ihr Reich,
nebst vielem anderem Gebiet
gehörte es dazu sogleich.

Das damals größte Reich der Welt,
Millionen Menschen lebten dort,
viel große Städte gab es auch.
Ein Netz von Straßen führte fort
quer durch das Reich, gut ausgebaut
und weitverzweigt, wie's heute ist
in uns'ren Ländern überall,
es 1000 Kilometer misst.

So manches Volk erobert' man,
als Sklaven hielt man diese dann,
zur Arbeit in dem Inkareich
zog man sie rücksichtslos heran.

Die Sonne war ihr höchster Gott,
ihr Beten hatte sich bewährt,
die Erde „Pachamama" hieß,
sie wird bis heute noch verehrt.

Und die Ruinen einer Stadt,
die Machu Picchu wurd' genannt,
kennen fast alle auf der Welt,
sie ist uns allen wohlbekannt.

Kartoffeln, Mais und Koka war'n
für's Inkavolk sehr segensreich,
sie waren heilig in der Zeit
und uns'ren Lebensmitteln gleich.

Verschied'ne Sprachen gibt's noch heut',
Millionen Menschen sprechen sie
in diesen Ländern nach wie vor
original in Harmonie.

Im 16. Jahrhundert dann
enthaupteten Eroberer
den letzten Herrscher dieses Volks. –
Die Macht der Inka gab's nicht mehr!

26. Dez. 2023

Die Phönizier

Im Altertum lebte ein Volk,
Phönizier ward es genannt,
die Ostküste des Mittelmeers
war damals das Phönizierland.

Sie bauten große Städte dort;
mit Schiffen über's Mittelmeer
fuhr'n sie und trieben Handel auch
entlang der Küste kreuz und quer.

Und Kolonien gründeten sie
der Küste Afrikas entlang
bis Spanien. In Tunesien dann
die Stadt Karthago man bezwang.

Karthago war die wichtigste
der Kolonien entlang der See.
Sie handelten mit Purpur dort,
kein and'res Volk besaß es je.

Es war noch wertvoller als Gold
und nur für Könige gedacht,
für and're Menschen war tabu
des Purpurs rote Farbenpracht.

Ein Alphabet benutzten sie,
aus Konsonanten nur gemacht;
Vokale kamen erst hinzu,
Lateinisch, Griechisch dann erdacht.

Den Römern war's ein Dorn im Aug',
auch sie beanspruchten das Land,
sie griffen an mit voller Kraft,
behielten bald die Oberhand.

Die Römer nannten Punier sie,
Punische Kriege gab's darauf,
es folgte schließlich Schlacht um Schlacht,
Phönizier gaben bald auf.

Die Römer siegten endlich dann,
vernichten sie im Krieg komplett,
Karthago hatte man zerstört.
Es wurd' Phöniziers Kismet!

27. Dez. 2023

Die Kelten (Sonett)

Völker in der Eisenzeit,
aber auch im Altertum
kamen sie sehr viel herum,
weitverzweigt und himmelweit.

Ja, die Kelten waren das,
man weiß von Hallstatt-Kultur,
es war wie ‘ne Signatur
dieses Keltischen, en masse.

Die Latène-Kultur kam auf,
wo die Sprache Keltisch war,
Kelten waren stolz darauf.

Flussnamen erfanden sie,
König Artus’ Lebenslauf,
wer sie kennt, vergisst sie nie!

26. Dez. 2023

Die Sumerer

Die erste Hochkultur der Welt
wurd' von Sumerern einst gestellt.
Sie bauten manche große Stadt,
erfanden viel, doch nicht das Rad.

Die Keilschrift war ein wichtig' Ding,
das sie entwickelten und fing
den Handel mit den Nachbarn an,
bis eine Sprache man ersann.

Sie ist mit keiner sonst verwandt
und „Emegir" wurd' sie genannt.
Man lebte einst im Zweistromland,
hat Fruchtbares dort abgesahnt.

Und „Uruk" war die größte Stadt,
von Sumerern den Namen hat,
vor 5500 Jahren schon
war sie 'ne mächt'ge Bastion.

Akkadier just über Nacht,
sie übernahmen dann die Macht,
und and're Völker, Banden gleich,
eroberten Sumerers Reich.

Doch nun zu Sumerern zurück,
sie lieferten ein Meisterstück,
indem die Keilschrift man erfand,
die jedes Volk ab nun verwandt.

Auch rechnen, messen konnten sie
und pflegten die Astronomie,
sie dachten sich Sternzeichen aus,
bis ein Kalender wurd' daraus.

4000 Jahre dauert dann
die Blütezeit Sumerers an,
bis schließlich dann das Klima kippt'
und Trockenheit den Rest ihn'n gibt. –

Andere Völker, irgendwann,
traten an ihre Stelle dann!

28. Dez. 2023

Die Lyder

Die Lyder, ein antikes Volk,
in Lydien war es zuhaus,
und ihre Hauptstadt Sardes war;
sie war'n sehr tüchtig überaus.

Man sprach im lande Lydisch nur,
viele Regenten herrschten dort,
sie lebten hier vor Christus schon,
an diesem, ihrem Lydisch' Ort.

In dieser Zeit entwickelt' sich
ein reger Handel; man führt ein
die ersten Münzen auf der Welt,
als Zahlungsmittel Meilenstein.

Es wäre noch erwähnenswert
der Lyder Dichtkunst und Musik,
sie waren auch noch Lyriker
und machten all dies auch publik.

Dies Königreich, es endete,
als Perser Kyros es besetzt';
die Römer kamen später dann,
mit Lydien war's aus zuletzt!

28. Dez. 2023

10 LIEDERTEXTE

Küsse

Refrain 1
Küsse sind wie Marzipan,
das glaubt jeder Hampelmann,
und die Frauen kriegen nie genug.
Kann denn noch 'was süßer sein,
frag' ich mich ganz allgemein,
doch ich küsse nicht, denn ich bin klug. –
Küsst du sie – nimmt sie dich –
lässt dich nicht mehr los!

1. Strophe
Erst küsst dich deine Tante,
du bist noch sehr klein,
und später küsst dich jede,
du willst dich befrei'n,
doch diese Chance, die kriegst du nie, mein Lieber,
doch diese Chance, die kriegst du nie, mein Lieber!

Dein Mund gehört der Liebsten,
das weißt du genau,
die Stirne deiner Mutter,
der sorgenden Frau,
die Schicki-Mickis küssen deine Wangen
mit drohendem, unbändigem Verlangen!

Refrain 1
Küsse sind wie Marzipan ...

2. Strophe
Ein Kuss verheißt oft vieles,
drum sei auf der Hut
und küsse nur, wenn nötig,
zu viel ist nicht gut,
man schmiegt sich an dich und dir bleibt die Luft weg,
man schmiegt sich an dich und dir bleibt die Luft weg!

Und bist du dann gefangen,
ist alles dahin,
ein Kuss folgt auf den ander'n
als Sport-Disziplin,
man raubt dir alle Kraft, du bist am Ende,
drum glaube mir, verbrenn' dir nicht die Hände!

Refrain 2/3
Küsse sind wie Marzipan,
damit ist's nicht abgetan,
küssen ist der Sehnsucht Höhenflug. –
Und es kann gefährlich sein,
strahlend wie ein Edelstein,
doch ich küsse nicht, denn ich bin klug. –
Wie's auch sei – einerlei –
bleib' ein freier Mann!

Küsse sind wie Marzipan,
kreuzen deine Lebensbahn,
sind vergänglich wie ein Atemzug. –
Küsse sind oft Meilenstein
und bedeuten Seligsein,
doch ich küsse nicht, denn ich bin klug. –
Wie's auch sei – einerlei –

bleib’ ein freier Mann,
wie’s auch sei – einerlei –
bleib’ ein freier Mann!

Außer Rand und Band

1. Teil
In uns'rer Gegenwart, da geht so manches schief
und große Hitze breitet sich aus.
Die Menschen sind verrückt, denken an morgen nicht,
und keiner kennt sich heut' mehr aus.
Die Maßlosigkeit nimmt mehr und mehr überhand,
man führt sich auf, die Welt ist außer Rand und Band!

2. Teil
Denkt doch mal daran, wie es einst bei uns schön war,
schaut doch mal zurück, wie die Erde mal war.
Alle sehnen sich nach früher und die alte Zeit,
da gab's noch Lebensqualität und Sicherheit!

3. Teil
Heut' aber brennen die Wälder, das Klima, es spielt schon
ganz verrückt,
und Pestizide gibt es zuhauf,
die Erde bebt, es gibt Hochwasser fast auf dem ganzen
Erdball
die Katastrophe nimmt ihren Lauf!

1. Teil
Doch uns're Kinder kämpfen um 'ne bess're Welt,
und das ist gut, denn so soll es sein,
sie denken weiter, dass es wieder besser wird,
und hoffen drauf tagaus, tagein.
Die Zukunft, sie wird bestimmt dann wieder so schön,
wie's einmal war, und alle werden sich versteh'n!

2. Teil
instrumental

3.Teil
Hört auf die Kinder und helft ihnen, sie haben es bestimmt verdient,
denn sind durch uns auf dieser Welt,
lasst uns an ihnen erfreu‘n, sie sind alles, sind uns’re Zukunft,
sie werden ewig uns dankbar sein!

Das Leben ist schön

1.
Ich hab' ihn gestern in der Straßenbahn geseh'n,
mir wurde schwindlig und es war um mich gescheh'n.
Was für ein Mann stand da vor mir,
sah aus, als wär's ein Musketier,
ich nahm ihn gleich, ja nahm ihn gleich in mein Visier.
Denn ich bin auch ein Mann und liebte einst die Frau'n,
doch kein Vergleich mit ihm, ich fasste gleich Vertrau'n.
Ich stellte fest, ja ich bin schwul,
daß ich um Männer nunmehr buhl',
und ich bin stolz und voller Glück,
schau' nicht zurück.
Ich lieb' die Männer sehr,
sag', Herz, was willst du mehr?

2.
Nahm allen Mut zusammen und ich sprach ihn an,
und siehe da, auch er war mir gleich zugetan.
Wir gingen heim zu ihm bei Nacht,
als wär's schon lange abgemacht,
er hatte Charme, ein Männerschwarm, es war vollbracht.
Und meine Lenden bebten, als er mich dann küsst,
kaum zu beschreiben, welch ein Hochgefühl das ist.
Er ließ nicht ab von mir zum Glück,
und ich gab ihm etwas zurück,
welch eine Pracht, welch ein Gefühl,
wir war'n am Ziel.
Drum lass ich's gern gescheh'n,
denn schwul sein ist so schön.

3.
In meiner Welt hat nur der Regenbogen Platz,
und ich genieße ihn so sehr mit meinem Schatz,
ja, und ich lieb' das Lila Lied,
ich bleibe gay, was auch geschieht,
das gibt mir Kraft, und es entsteht
Identität!
Ja, schwul sein ist so schön,
ja, schwul sein ist so schön!

Frau vs. Mann

Refrain
Das Weib, es macht mich krank,
erst provoziert sie, dann ist sie wie eine Nonne.
Sie neigt dann sehr zum Zank
und bringt bewusst mich zynisch um so manche Wonne.
Sie liebt die Streiterei,
wenn sie zur Sache kommt, hab ich's bis obenhin,
so eine Heuchelei,
ja typisch feminin.

1. Strophe
Sie ist ja sonst eine noble Madam'
und kann so zahm sein wie ein junges Lamm.
Doch wittert sie maskulinen Geruch,
dann flippt sie aus voll Widerspruch.
Sie schmiedet Pläne, wie sie nun verfährt,
sofern der Mann sie vielleicht nicht begehrt,
denn dies erzeugt dann in ihr eine Wut,
und sie speit Feuer und Schwefel und Glut!

2. Strophe:
Ja, es wird nie anders werden mit ihr,
denn das Quälen, das ist ihr Plaisir,
und sie erfreut sich an männlicher Pein,
sie legt noch nach, ja gar nicht fein.
Doch leider bin ich der Dame verfall'n
und tu ihr jeden, ja jeden Gefall'n.
Ich komme einfach von ihr nicht mehr los,
denn ich bin leider auch nicht fehlerlos!

Geh doch endlich

Refrain
Geh doch endlich, geh doch endlich,
nimm deine Sachen,
verschwinde endlich - geh,
geh doch endlich, geh doch endlich,
ich möchte lachen,
zeig endlich mal Fairplay.
Ich hab genug –
von deinem Schwur,
genug von dem Betrug. –
Geh' doch endlich, geh,
und komm nie wieder,
da ist die Tür – ade!

1. Strophe
Ich hab dich geliebt,
du warst es nicht wert,
hast du doch sofort
meinen Freund begehrt.
Doch als er nichts wissen wollte,
war auch ich dann gut;
wenn ich daran denk', kocht mir das Blut!

Refrain
Geh doch endlich, ...

2. Strophe
Jetzt ist es zu spät,
drum bemüh' dich nicht,
denn du bringst mich nur

aus dem Gleichgewicht.
Du behandelst mich als Ware
und als Inventar;
suche dir ein neues Exemplar!

Refrain
Geh' doch endlich, ...

... doch über Frauen weiß ich nichts!

1. Strophe
Ich bin in jeder Stadt zu Hause
und kenne fast die ganze Welt,
und ich bin wahrlich kein Banause,
wenn es um's Leben geht und Geld.
Ich weiß, wie Sterne wirklich funkeln,
und kenn den Platz des größten Lichts,
find' meine Wege auch im Dunkeln –
doch über Frauen weiß ich nichts!

Zwischenteil
Wer sagt mir, wie die Frauen sind,
wie man die Sehnsucht stillt,
wer weiß, wie ihre Liebe schmeckt,
ganz zärtlich – und doch wild?

2. Strophe
Ich war am Kap der guten Hoffnung,
war in Alaska und Shanghai,
schaff' mit dem Fallschirm jeden Absprung
und weiche keiner Balgerei.
Ich fühl mich frei wie eine Möwe
und springe achtlos auch ins Nichts,
ich fürchte weder Mensch noch Löwe –
doch über Frauen weiß ich nichts!

Zwischenteil
Wer sagt mir, ...

3. Strophe
Ich hab den höchsten Berg bestiegen
und kenn das Glück und auch das Leid,
lass mich von keinem unterkriegen,
verachte Dummheit, Hass und Neid.
Ich lieb' die Schönheit und das Gute,
kenn' das Gesicht des Bösewichts,
hab manche tolle Attribute –
doch über Frauen weiß ich nichts!

Zwischenteil
Wer sagt mir, ...

Schluss
Wer sagt mir, wie die Frauen sind?
Wer sagt mir, wie die Frauen sind?

Freu dich nicht zu früh

1. Strophe
Ein Paar steht in der Dusche,
ist voller Ungeduld,
sie frönen ja schon immer
dem geilen Körperkult.
Betrachten ihre Leiber
mit ungezähmter Gier
von oben Richtung unten
in fordernder Manier.

Refrain
Freu dich nicht zu früh,
es könnte anders sein,
denn oft am Ende dann
stellt sich Enttäuschung ein.
Freu dich nicht zu früh,
sei wachsam und gefasst,
dann bist zufrieden du
mit dem, was du grad hast!

2. Strophe
Der Mann hat STARKE MUSKELN,
das freut die Dame sehr,
von ihm ist ganz entzückt sie,
und er von ihr noch mehr.
Nun schweift ihr Blick nach unten,
doch was sie dort nun sah
bremst ihre Euphorie sehr,
denn es war fast nichts da.

Refrain
Freu' dich nicht …

3. Strophe
So fragt sie ihn betreten:
„Sag', ARNOLD, ist er das?“
„Jawohl“, gibt er zur Antwort
und wird dabei ganz blass.
„Naja, kann man nichts machen“
wirft sie enttäuscht dann ein.
„Dann müssen wir halt darben
und sehr, sehr sparsam sein!“

Refrain
Freu dich nicht ...

Ich bin der King

1.
Ich bin der Größte weit und breit,
ich bin so schön und so gescheit
und könnt' mich pausenlos umarmen.
Ich bin der Tupfen auf dem „i“,
die ich geliebt, vergisst mich nie,
ich bin ja wirklich ein Genie!

2.
Ich bin der Weisheit letzter Schluss
und mich zu seh'n ist ein Genuss,
ich bin ja wirklich ein Adonis.
Bring in die Dunkelheit das Licht,
und meine Meinung hat Gewicht,
ich bin ja wirklich ein Gedicht!

3.
Ich bin der gelbe Kern vom Ei,
bin zweifelsohne einwandfrei
und bin mein eig'ner Nebenbuhler.
Bin bunter als ein Schmetterling,
der ideale Rettungsring,
ich weiß genau, ich bin der King,
ich weiß genau, ich bin der King!

Lass mich in Ruh‘

Refrain
Lass mich in Ruh’,
lass mich in Ruh’, es ist vorbei, geh deinen Weg,
lass mich in Ruh’,
lass mich in Ruh’, für uns gibt’s sicher kein Comeback.
Du warst nur schön,
das ist zu wenig, alles and’re war tabu!
Lass mich in Ruh‘, lass mich in Ruh‘!

1. Strophe
Was geht in dir nur vor,
das fragte ich mich oft,
und immer nahm ich’s mit Humor,
ich hab’ mir von dir viel erhofft.
Doch eines Tages dann war alles in mir leer,
ich liebte dich nicht mehr!

Refrain:
Lass mich in ...

2. Strophe
Gefühle kennst du nicht,
ein Kuss von dir ist kalt,
und jedes Wort von mir an dich
ist immer von dir abgeprallt.
Doch deine Maske fällt, vorbei ist unser Traum,
fällt wie das Laub vom Baum!

Refrain:
Lass mich in ...

Dort, wo der Alpenkönig thront

Refrain
Dort, wo der Alpenkönig thront, auf seinen Bergen
in seinem Schloss aus Eis und Schnee, von Sturm durchweht,
will die Natur die Gipfel oben nicht verbergen,
ja, ja, wir wär'n so gern bei seiner Majestät!

1. Strophe
Oft sind die Gipfel in Wolken, man kann den Himmel berühr'n
manchmal, da kann ich dort oben den Hauch des Lebens verspür'n.
Scheint mal dort oben die Sonne, seh' ich der Welt ganze Pracht,
drum komm mit mir in die Berge, sie sind für uns nur gemacht!

Refrain
Dort, wo der ...

2. Strophe
Und wenn man Glück hat im Leben, kann was Besond'res man seh'n,
denn in der Stille der Berge hausen noch Zwerge und Feen.
Sie führ'n dich zum Alpenkönig, und das vergesse ich nie,
du kannst den König erblicken mit einem Stück Fantasie!

Refrain
Dort, wo der ...

10 POLIZEIGESCHICHTEN

Auf einem Parkplatz

Auf einem Parkplatz in der Nacht
läuft ein Betrunk'ner durch die Reih'n,
sein Auto sucht er vehement;
es gab auch keinen Mondenschein.

So torkelt er von Reih' zu Reih',
doch seinen Wagen fand er nicht,
da kommt ihm plötzlich 'ne Idee,
ist schließlich voller Zuversicht.

Die Autodächer klopft er ab
und tastet wankend sich voran,
und eh' er sich's versah,
da kommt direkt entgegen ihm ein Mann.

„Was machen Sie?", fragt der Passant. –
Mein Auto such' ich auf dem Platz!" –
Passant: „Die Dächer sind ja alle gleich
bei jedem fahrbar'n Untersatz!"

Und der Betrunk'ne sagt zu ihm –
er klärt den Mann dann schließlich auf:
„Recht haben Sie, mein Lieber, nur
auf meinem ist ein Blaulicht drauf!"

25. Jän. 2024

Der Polizeihund

Ein Polizist sitzt heulend da,
ein Mann fragt ihn, was er denn hat?
Er sagt: „Mein Hund lief weg von mir,
mein Polizeihund Goliath!“

Der Mann sagt: „Sorgen Sie sich nicht,
ist sicher in der Nähe hier.“
Der Polizist heult weiter noch,
denn er vermisst das edle Tier.

„Er ist bestimmt schon weiter weg“,
sagt der Polyp, „ich find’ ihn nicht,
wo soll ich suchen, lieber Mann,
es ist ja aus bald meine Schicht.“

„Auf das Revier find’t der allein“,
sagt dann der Mann voll Zuversicht.“
Der Polizist, er schreit’s heraus:
„Der Hund ja schon, ich aber nicht!“

25. Jän. 2024

Der kleine Sohn

Ein Polizist kommt einst nach Haus,
seine Gemahlin wartet schon,
um ihm das Neutste zu erzähl'n,
es geht um ihren kleinen Sohn.

Sie redet um den heißen Brei,
weiß nicht, wie sie's ihm sagen soll,
'S ist ja nichts Angenehmes grad,
doch immerhin bedeutungsvoll.

Der Polizist bemerkt das gleich
und fragt, worum's denn diesmal geht.
Sie sagt, „es geht um uns'ren Sohn,
der eben neben Ihnen steht."

Der Mann sagt gleich: „Raus mit der Sprach',
geht es um eine Übeltat?"
Sie: „In die Hilfsschul' soll er geh'n."
Er: „Na, wenn das Zeug dazu er hat!!!"

25. Jän. 2024

Die LKW-Ladung

Ein LKW fährt über's Land,
ein Polizist, der hält ihn auf,
beanstandet, weil er verliert
'ne Menge Ladegut zuhauf.

Nun fährt er weiter, der Chauffeur,
macht eine Runde durch den Ort,
und plötzlich steht der Polizist
an einer Ecke wieder dort.

Der Polizist erkennt den Mann,
die Ladung rinnt schon wieder aus,
bestraft ihn nun. Fährt weiter dann
der Fahrer, fluchend frei heraus.

So geht es weiter Tag für Tag,
der Polizist ist immer da,
dem Fahrer wird das schon zu bunt,
er ärgert sich zu Tod' beinah.

Und eines Tages sagt der Cop,
dass wieder Ladung er verliert.
„Es ist jetzt schon das siebte Mal,
und Sie fahr'n weiter ungeniert!"

„Und ich sag' jetzt zum siebten Mal,
sie unbarmherz'ger Polizist,
dass dieser Truck, den ich hier fahr',
verdammt, ein Streuwagen doch ist!!!"

25. Jän. 2024

In der Polizeischule

In der Schul' der Polizei
unterzieht man einem Test
die Bewerber, ob sie auch
bei den Fragen sattelfest.

Man fragt dies und man fragt das,
was für sie denn wichtig sei,
Aspiranten nehmen's ernst,
sind mit Eifer auch dabei.

Mancher jedoch, der schert aus,
kann so manches nicht versteh'n,
doch am Schluss, da wird man ja
seine Prüfungsnoten seh'n.

Nun sucht man dann einen aus,
dessen Noten nicht sehr gut,
stellt bestimmte Fragen ihm,
denn er war ein Tunichtgut.

Doch gibt man ihm eine Chance,
und verbal, da testet man,
ob er doch geeignet ist
und Probleme lösen kann.

Manche Frage hat man nun
ihm gestellt, dem Möchtegern,
er beantwortet' sie gut,
z'frieden war'n die hohen Herrn.

Die letzte Frage hat’s in sich,
man glaubte, er würd’ nun verwirrt:
„Was tun Sie, wenn ‘ne junge Frau
von jemand’ vergewaltigt wird?“

Doch der Proband, in aller Ruh’,
sagt drauf: „Ich würde alarmier’n
einen Kollegen und ‘nen Arzt
und dann die Tat rekonstruieren!“

25. Jän. 2024

Der Bauernhof

Zwei Buben reden über Tiere,
erzähl'n einander gern davon,
weil sie die Tiere einfach lieben,
von Esel bis Chamäleon.

Einer von ihnen ist ein Schlingel,
der and're hört ihm einfach zu,
er hat am Bauernhof zuhause
einige Schweine und 'ne Kuh.

Die sind des Vaters ein und alles,
ja, und auch er hat manches Tier,
das er verwöhnt, weil er es gern hat,
würd' nie sie quälen, sagt er hier.

Und weiter meint er, „es gibt manche,
die diese Wesen nicht versteh'n.
Den kleinsten Bauernhof", so sagt er,
kann ich dir zeigen, du wirst seh'n."

Denn um die Ecke kam ein Auto,
es war die strenge Polizei,
und er sagt nun zu seinem Freunde,
der kleinste Bauernhof dies sei.

„Warum?", so fragt ihn nun der and're.
„Ich kann einfach nicht folgen dir."
„Wie meinst du das?", sagt er zum ersten.
„Kein Tier kann ich erkennen hier."

„Dann schau genau, wie sie drin sitzen,
die Bullen vorne; hinten dann
sitzen die armen Schweine,
werd'n eingesperrt laut Fahndungsplan.

Die Bull'n sind ihnen überlegen,
krieg'n beim Verhaften nie genug,
die Schweine aber sind gescheiter,
lassen chauffieren sich, sind klug.

Und so 'nen kleinen Bauernhof
gibt's in der ganzen Welt,
weil Polizisten immer glauben,
die hätten etwas angestellt.

Vorne die Bull'n, hinten die Schweine,
das ist das Einzige, was zählt!"

26. Jän. 2024

Ein Polizist

Peter Müller kommt nach Haus',
schleckt das Gulaschreindl aus,
legt sich draufhin auf die Bank;
Silvie glaubte, er sei krank.

Schläft ganz plötzlich tief und fest,
träumt von Dieben und Arrest.
Siehe da, im Traum sodann
gibt's Verhaftung – weil er's kann.

Und er freut sich drüber sehr,
seine Silvie noch viel mehr,
und sie gibt ihm einen Kuss –
nicht wie üblich eine Nuss.

Träumt vom nächsten Tage dann,
legt dem Strolche Handschell'n an –
hatte er bei sich gedacht,
weil's Einlochen Freude macht.

Blaulicht hat am liebsten er,
darf man's haben, ist man wer,
Kreuzung quert man auch bei Rot,
kommt sich vor wie ein Pilot!

Polizist müsste man sein,
ach, das wäre ja so fein,
denn wenn einer überholt,
zieht man einfach seinen Colt,
bremst den and'ren einfach ein

und verlangt den Führerschein.
Dann ist Blasen an der Reih' –
man ist schließlich Polizei –
und so geht es Tag für Tag,
weil man Blasen ja so mag!

Damit komm' ich schon zum Schluss –
knapp bevor noch fällt ein Schuss –
Polizist zu sein ist toll,
wichtig und bedeutungsvoll!

6. Jän. 2024

Die Befragung

Die Polizei nahm einen fest,
der für sie sehr verdächtig war,
er hätt' 'ne Straftat jüngst begangen,
man nahm ihn deshalb in Verwahr.

Nachdem man nicht ganz sicher war,
ob er vielleicht der Täter ist,
drum kam es nun zu 'ner Befragung
durch einen scharfen Polizist.

Zwei weitere kamen hinzu,
umringten diesen armen Mann,
um das Delikt ihm nachzuweisen,
und nahm ihn in die Zange dann.

Man stellte ihm gezielte Fragen,
der Druck war außerordentlich –
nicht angenehm war die Befragung. –
Der Mann verhielt sich vorbildlich.

„Was, das soll 'ne Befragung sein?",
sagt plötzlich er ganz ungeniert,
beginnt zu lachen unverschämt;
es hat ihn köstlich amüsiert.

Und schließlich meinte er belustigt:
„Geben Sie sich mal keine Müh',
Sie sollten meine Frau erst hör'n,
komm' ich nach Haus' um 3 Uhr früh!"

22. Dez. 2023

Geisterfahrer

Auf den Straßen ist viel los,
manchmal geht es richtig rund,
Polizei ist in der Näh',
und es wird ihr oft zu bunt.

Drum wird jeder gleich gestraft,
der sich nicht an Regeln hält,
Raser, Drängler gibt's zuhauf,
müssen zahlen dann viel Geld.

Geisterfahrer gibt es auch,
Lieblinge der Polizei,
denn die sind koop'rativ,
und sie fahren einwandfrei.

Jeder Polizist, der weiß,
diese Lenker sind okay,
und hält man sie schließlich auf,
sind sie sanft so wie ein Reh.

Die Polizisten lieben sie,
sind ihnen wirklich wohlgesinnt,
weil Geisterfahrer, kommt's drauf an,
total entgegenkommend sind!

1. Jän. 2024